BEI GRIN MACHT SICH IHR WISSEN BEZAHLT

AF137633

- Wir veröffentlichen Ihre Hausarbeit,
  Bachelor- und Masterarbeit

- Ihr eigenes eBook und Buch -
  weltweit in allen wichtigen Shops

- Verdienen Sie an jedem Verkauf

**Jetzt bei www.GRIN.com hochladen
und kostenlos publizieren**

GRIN

Jeremias Gotthelf

Deutsche Klassiker

Band 50

Der Besuch

GRIN Verlag

Bibliografische Information der Deutschen Nationalbibliothek:

Die Deutsche Bibliothek verzeichnet diese Publikation in der Deutschen National-bibliografie; detaillierte bibliografische Daten sind im Internet über http://dnb.d-nb.de/ abrufbar.

Dieses Werk sowie alle darin enthaltenen einzelnen Beiträge und Abbildungen sind urheberrechtlich geschützt. Jede Verwertung, die nicht ausdrücklich vom Urheberrechtsschutz zugelassen ist, bedarf der vorherigen Zustimmung des Verla-ges. Das gilt insbesondere für Vervielfältigungen, Bearbeitungen, Übersetzungen, Mikroverfilmungen, Auswertungen durch Datenbanken und für die Einspeicherung und Verarbeitung in elektronische Systeme. Alle Rechte, auch die des auszugsweisen Nachdrucks, der fotomechanischen Wiedergabe (einschließlich Mikrokopie) sowie der Auswertung durch Datenbanken oder ähnliche Einrichtungen, vorbehalten.

Impressum:

Copyright © 2008 GRIN Verlag GmbH
Druck und Bindung: Books on Demand GmbH, Norderstedt Germany
ISBN: 978-3-640-23449-3

Dieses Buch bei GRIN:

http://www.grin.com/de/e-book/119868/der-besuch

GRIN - Your knowledge has value

Der GRIN Verlag publiziert seit 1998 wissenschaftliche Arbeiten von Studenten, Hochschullehrern und anderen Akademikern als eBook und gedrucktes Buch. Die Verlagswebsite www.grin.com ist die ideale Plattform zur Veröffentlichung von Hausarbeiten, Abschlussarbeiten, wissenschaftlichen Aufsätzen, Dissertationen und Fachbüchern.

Besuchen Sie uns im Internet:

http://www.grin.com/

http://www.facebook.com/grincom

http://www.twitter.com/grin_com

Jeremias Gotthelf

Der Besuch

[entstanden 1854]

Sommer wars, nach dem Heuet ungefähr, denn die Wiesen waren frisch gemäht, und im Felde stund noch das Korn. Gegen Abend gings, aber noch brannte die Sonne heiß, und dunkle Wolken stocketen am Himmel. Da saß auf einem Abweissteine an einer staubichten Landstraße ein junges Weib, hatte ein Kind an der Brust, und ein Kinderwägelchen stund vor ihr. Es war offenbar kein arm Weib, denn im Wägelchen war schönes, reines Bettzeug, und es selbst trug ländliche Tracht, zwar nicht hoffärtige, aber reiche, und doch schien es unglücklich; denn so munter, als der Bube auf seinem Schoße sog, ebenso stark weinte es gar bitterlich. Als der Junge endlich seinen Durst gestillt, wischte es, so gut es ging, die Tränen ab, packte ihn sorgfältig ins Wägelchen und zog fürbaß, aber mühsam, offenbar ermatteten Schrittes.

Das war eine junge Baurenfrau, die Frau des Sohnes des Tanzbodenbauers, welche heimwollte zum Besuch über den Sonntag; denn es war Samstagsnachmittag. Stüdeli war da aus den Dörfern herauf, wie man im Emmental zu sagen pflegt, hatte auf dem Tanzboden sich eingemannet. Der Tanzboden ist dem Weibervolk sonst ein sehr beliebter Aufenthaltsort, wie bekannt, und dieser Tanzboden, von dem hier die Rede ist, noch dazu ein recht schöner Hof und der Bauer nicht verschuldet und doch Stüdeli da oben nicht wohl; denn das Heimweh wollte ihns nicht loslassen. Wenn schon nicht die Worte, so doch die Töne klangen ihm immer und immer im Herzen: »Herz, mys Herz, warum so trurig, und was soll das Ach und Weh? 's ist so schön im fremden Lande, Herz, mys Herz, was witt de meh? Was mr fehlt? Es fehlt mr alles, bi so gar verlasse hie, möcht zum Ätti, möcht zum Müetti, ha nit Lust und ha nit Fride, bis ih i mym Dörfli bi.« Nun, in fremdem Lande war das Fraueli noch lange nicht. Der Tanzboden war kaum vier Stund von Straudachigen, wo Stüdeli daheim gewesen, entfernt, und doch schien es ihm, es sei auch so, wie es im gleichen Liede heißt: »Es ist wohl schön da oben, doch zur Heimet wird es nie!« Dieses Weh nach einer Heimat, die nicht zwei Stunden weit

2

entfernt liegt, findet man oft im Schweizerland. Ja, es gibt Bauern, denen es nicht wohl wird, bis sie wieder auf den Hof, in das Haus, in welchem sie geboren wurden, eingezogen. Drei Stunden sind eine große Weite im Schweizerlande; wo innige Liebe ist, sind hundert Ellen eine grausame Weite.

Stüdeli war auf den Tanzboden gekommen, es wußte kaum, wie, fast wider Willen. Stüdeli hatte auch ein Meitschiherz, flinke Buben gefielen ihm wohl. Einen Kurs in der spekulativen Philosophie hatte es nicht durchgemacht, es war noch viel zu jung, um was dran zu begreifen. Es fragte nicht nach Geld und Sachen, die Lüstigsten waren ihm die Liebsten, eines Geißenhändlers Bub war der Allerlüstigste, der war ihm auch der Allerliebste. Nit eben so, was man sagt, im Ernste; von Heiraten war keine Rede, aber drTüfel sei immer ein Schelm gewesen und werd noch immer einer sein, dachten die Alten, ungsinnet könnts fehle. Da kam einmal eine Bettlerfrau, es war im Winter, und fragte, ob sie nicht hineinkommen und sich wärmen dürfe? Dieses schlägt man in der Regel nicht ab; so eine weiß was zu erzählen, und gerade die war eine der Rechten. Hauptsächlich drehte sich ihre Rede um den Tanzboden herum und vergaß dabei Peter nicht, den Sohn. »Das wär einer für dich«, sagte sie zu Stüdeli, »werchbar, huslig, hübsch, frein wär er, kurz alles, was einem Burschen wohl ansteht und Meitschene sonst anständig ist.« Stüdeli verlachte diese Reden, aber der Mutter gingen sie in die Ohren. Das schickte sich, wenn die zusammenzubringen wären, dachte sie. Das Meitschi sei ihr nicht erleidet, aber man wäre doch dann Kummers los.

Als die Bettlerin endlich ging, ging die Mutter ihr nach, und korbeten die Sache zusammen, so gut, daß es allerdings einen Käs gab, wie man zu sagen pflegt. Stüdeli wehrte sich nicht auf Leben und Tod; die Bäurin stach ihm doch noch tiefer im Kopf als des Geißenhändlers Bub, und da Geißenhändlers Buben wohl selten zu Bauern werden, so zog der Baurensohn vor. Übrigens war Peter, wenn auch nicht der lüstigste, so doch gar kein übel Bursche, hatte gesunden Verstand, einen tüchtigen Körper. Am meisten war es Stüdeli zuwider, daß es so weit vo Müetti weg müßte und dazu noch ins Emmental hinauf in die wüsten, schwarzen Berge hin. Daß es so hell und heiter im Emmental ist wie irgendwo, sieht man ihm freilich von ferne nicht an. Des Geißenhändlers Bub tat anfangs wüst, erst redete er von Erschießen, dann von zKrieg gehen, und endlich machte er es wie die meisten in ähnlichen Fällen, er nahm eine andere.

Stüdeli war recht hellauf als Braut, freute sich sogar auf die Hochzeit wie die andern auch, wenn sie es zuweilen auch nicht erzeigen wollen, und blieb als junge Frau noch einige Zeit recht wohlgemut daheim. Da begehrten aber die Schwiegereltern ernstlich, daß es zu ihnen käme. Es sei ja dumm, sagten sie, und die Leute würden ihnen wenig darauf halten, wenn sie eine Schwiegertochter hätten und, statt diese ins Haus zu nehmen, einer Jungfrau den Lohn gäbten, für ihre Sache zu machen. Daneben verlauf drJung eine Zeit, es sei nicht zu sagen, und wenn man schon die Zeit nicht achten wollte, so sei dann erst noch von den Schuhen zu reden.

Stüdeli mußte also von den Dörferen herauf auf die Höfe und trug das Bewußtsein in sich, es sei eine Art von Mißheirat, weil man in den Dörfern gebildeter sei, den *Comment* des Lebens viel besser kenne als da oben in der Wildnis. Es hatte eine Sekundarschule besucht, konnte Französisch schreiben, das heißt französische Buchstaben machen, sagte *»Merci bien!«* hatte eine Arbeitsschule besucht, konnte Pantoffel sticken und Hosenträger. In seinem Dorf gehörte Stüdeli unter die Gebildetsten, es hatte sogar »Martin, das Findelkind« gelesen und vorn »ewigen Juden« gehört. Indessen hatte ihm dieses durchaus nicht geschadet, es hatte die glückliche Gabe, so zu lesen, daß es grusam kurzi Zyti hatte darob. So sagte es wenigstens; ob es eigentlich so war, können wir wirklich nicht sagen, jedenfalls so, daß diese Bücher ihm durchaus nicht schadeten. Wir wissen nicht, sollen wir sagen, weil es sie nicht begriff, oder weil es unter die Reinen gehörte, denen alles rein ist. Es ist mit dem Lesen eine eigene Sache, es geht mehr Leuten, als man glaubt, so glatt über die Haut weg wie Wasser, macht nicht den mindesten Eindruck, hinterläßt nicht die geringste Spur. Dagegen betrachtet man in den Bergen und auf den Höfen die Dörfer als einen gemeinern, roheren Schlag von Menschen, ungefähr wie in London die Bewohner der vornehmen Quartiere die Leute in der City, oder in Bern die Leute in der Junkerngasse die hinter den Spychern. Anspruchsvoll ist man also in beiden Lagern, aber das ist wahr, daß der Stolz der Dörfer weit plumper, beleidigender hervortrittet als der der Höfer. Wenn man sich zu Heiraten herbeiläßt, so betrachtet man es immer als eine Art von Herablassung, zu welcher man nur bestimmt wird durch eigentümliche persönliche Zuneigung, welche aber selten sich findet, der durch Geld. Beides war mehr oder weniger hier der Fall. Stüdeli bekam einmal ein sehr schön Stück Geld, und nachdem einmal die Bettlerfrau die beiden zusammengebracht, gefiel Stüdeli Peter absonderlich wohl, und Stüdelis Mutter war aus bekannten Gründen so holdselig gegen den etwas schüchternen Peter, so holdselig, wie er es nie erlebt hatte, so daß man fast sagen könnte, eigentlich sei die Mutter die Leimrute gewesen, an welcher der Vogel hängen blieb. Dieses soll übrigens ein Fall sein, der sich nicht selten ereignet. Stüdeli ging ungern auf den Tanzboden hinauf, aus der Heimat in die Fremde, welche weit, weit, mehr als drei Stunden weit von der Heimat lag, daß es fast nicht zu erleben war.

Und fremd kam es Stüdeli da oben vor, alles schien ihm anders, auch die Menschen, es konnte sich gar nicht auf sie verstehn. Sie waren schweigsamer, redeten leiser, brauchten den a mehr als den o, sagten ja statt jo, o statt au, fluchten selten, und wenn ein Tadel kam, so war er so gedreht, daß es nicht wußte, was es daraus machen sollte, ob es gehauen oder gestochen seie. Doch fiel sehr selten einer, den es auf sich beziehen konnte. Es war ihm anfangs himmelangst, es sei unter Stündeler oder Pietisten geraten, indessen sah es seine Täuschung bald ein. Es waren rechtschaffene Christen, aber, frömmer zu scheinen als andere, davon war in ihrem ganzen

Wesen keine Spur. Sie arbeiteten immer so fleißig als in den Dörfern, aber es schien ihm, als machten sie sich viel unnötige Mühe mit allzu exaktem Arbeiten und Aufräumen. Es mußte immer alles an seinen bestimmten Platz, wenn man es schon am andern Morgen wieder brauchte, und ums Haus herum war es immer, als ob es Sonntag sei, da war nichts von Gräbel sichtbar, es ward ihm ganz unheimelig dabei. Aber auch es war den Leuten da oben fremd, die Sprache schon dünkte sie gar grob, und hier und da entrann Stüdeli ein »Donner!« was allemal einen Eindruck hervorbrachte, als hätte es wirklich gedonnert. Es sah hier und da etwas schmuslig aus, besonders an Hemd und Händen, daß man es eher für eine Jumpfere angesehen hätte als für die Sohnsfrau; das hatten sie sehr ungern. Es machte sich mit dem Gesinde wohl gemein, schien fast lieber bei demselben zu sein als bei ihnen. Und einmal klagte es sogar einer Magd; es wollte von ihr wissen, was sie gegen ihns hätten. Es tue doch was es könne, und doch sei es ihnen nicht recht, es könne nicht darüberkommen, warum nicht. Nit daß sie ihns plagten oder böse Worte geben täten, aber es merke wohl, wie sie es auf dem Strich hätten. Da sagte ihm einmal die Großmutter, sie müsse ihm was sagen, aber ungern solle es es doch ja nicht haben. Wenn es was zu klagen habe, so solle es es ihnen selbst sagen und nicht den Jumpfern, das sei bei ihnen nie der Brauch, daß man in solche Sachen die Diensten hineinziehe. Sie wüßten wohl, daß es Orte gebe, wo man das pflege, aber sie könne nicht glauben, daß es da gut gehe. Darnebe sei es ihnen ja anständig, und wenn sie einmal aneinander gewohnt seien, werde es ganz gut gehen. Aber anfangs müsse man miteinander Geduld haben, das sei überall so, wenn es gut kommen solle, und tue man das nicht, nun, dann müsse man es haben, wie man selbsten es mache. Mein Gott, wie ging diese Rede übel, und was Stüdeli alles darin fand! Es war, als ob man mit einer eisernen Eichte ihm übers Herz gefahren wäre; und ein alter Pfarrer, der hundert Predigten über das Wörtlein »und« gehalten, war sicher nur ein Tropf gegen Stüdeli, das in der kurzen Rede ganze Fuder von bösen Worten und Trümpfen fand, mehr als drei Tage hatte es rote Augen. Also niemanden klagen sollte es, niemanden sagen, was ihm das Herz abdrücken wolle, so alleine alles ertragen und verworgen? Ach, es war sehr elend, das arme Stüdeli!

Es gibt zwei Mittel im weiblichen Leben, welche die Weiber munter und frisch erhalten, die sind Kaffee und Klagen. Hat ein Weib Kaffee, kann es klagen, beides nach Herzenslust, dann ist es glücklich, schwimmt obenauf; hat es nur das eine oder das andere, so gehts wohl, aber kümmerlich und gedrückt; fehlen beide, ja, dann fehlts wirklich, dann ist es Zeit, zu sagen: »O ihr Hügel, stürzt über mir zusammen, und ihr Berge, decket mich!« Nun, Kaffee hatte Stüdeli, aber klagen sollte es nicht und hatte soviel auf dem Herzen! Ans Heimgehen dachte es so oft, keine Nacht verging, daß es nicht seufzte: »Oh, wenn ich doch bei der Mutter wäre, ach, nur eine Stunde!« Aber die Mutter war drei Stunden weit, man denke! Und beim Abschied hatte sie ihm gesagt: »Heim komme mir dann nicht so bald! Droben würden sie es ungern haben und hier dich auslachen, weil du nicht länger es habest aushalten mögen.« Das war Stüdeli tief in das etwas empfindliche Herz gegangen, und wenn die Mutter es machen könne ohne ihns und es nicht so bald als möglich zu sehen wünsche, he nu so de, so werde es es auch machen können ohne sie, hatte es anfangs gedacht. Aber nachgerade war den Worten der Mutter die verletzende Schärfe entwichen, und es rechnete, die Zeit werde längst um sein, wo ein Besuch daheim übelgenommen oder bespottet werden könne. Da traten andere Umstände ein, wo reisen und besonders so weit, ein bedenklich Ding ist. Die Füße sind in einer Verfassung, wo engere Lederschuhe das Fußgehn verleiden, und fahren ist eine gefährliche Sache. Und das mußte es sagen, es hatte bei weitem nicht mehr soviel Ursache zur Unzufriedenheit wie früher, man brauchte in seinen Umständen viel Verstand gegen ihns, und was die Hauptsache war, es gewöhnte sich, ohne daß es es merkte, alle Tage mehr an Sprache und Lebweise da oben. Darauf war ein munterer Junge auf die Welt gekommen. »Jetzt«, dachte Stüdeli, »wird es zu machen sein, daß ich mit der Mutter reden kann«, sie müßte ihm Gotte sein. Peter, der Mann, meinte zwar, weil es ein Bube sei, wäre es passender, wenn der Schwäher Götti wäre.

Es werde nicht so lange gehen, so könnte es ein Mädchen geben, da könnte die Schwiegere Gotte sein. Allein Stüdeli sagte, er sei ein wüster Mann, vo selligem z'rede, und es erzwängte es, von seiner Schwiegere unterstützt, die behauptete, in solchen Dingen müsse man den Weibern ihren Willen lassen.

Die Mutter kam und wurde vom ganzen Tanzbodenpersonal sehr zuvorkommend empfangen, so daß es ihr da oben ausnehmend gefiel und sie der Tochter nicht genug sagen konnte, wie gut es es habe, und wie es es dem lieben Gott nicht genug danken könnte, daß er es so gut mit ihm gemeint und ihm diesen Platz da oben geordnet habe. Bsunderbar anständige und manierliche Leute seien da. Man merke denen gar nicht an, daß sie so nebenaus wohnten in einer so groben Welt. Und Sachen genug seien da, man müsse sich recht verwundern, nicht in vielen Häusern da unten sehe es so aus. Das kam dem guten Stüdeli sehr übers Herz, machte es fast elend. Also auch die Mutter, der es ganze Kratten voll zu klagen gehabt, hielt es nicht mit ihm, war auf der Seite der andern! Die Welt kam ihm vor wie ein greulicher Schlund und in demselben es die allein fühlende Brust. Stüdeli hatte auch den Wahlspruch: »Wer nicht für mich ist, der ist wider mich!« Es ist nicht bald ein christliches Wort, das die Menschen, absonderlich die Weiber, so ihrigen wie dieses Wort. Leider fehlt da aber immer eines, sie sind nicht Christus, dem ein solches Wort ziemte, er war die Wahrheit; wer unter den Menschen, besonders den Weibern, ist die absolute Wahrheit, auf deren Seite man stehen muß? Da klagt so manches Weib unter Heulen und Zähneklappern: »Ach, er hets nie mit mr, er ist e Wüeste!« Das gute Weibchen meint, es habe absolut recht in allen Dingen, und unbedingt und ungeprüft müsse das Mannli b sagen, wo es a gesagt. Ja, das ist ein schwer Ding, und begreiflich bringt es nicht jeder Mann übers Herz, denn da läuft kein Weib ohne Brille in der Welt herum, und dieselben sind bunt gefärbt, oft anders, oft das eine Glas grün, das andere rot. Und da immer recht geben unbedingt, ohne Einrede - denn jede Einrede, von Widerspruch wollen wir gar nicht reden, wird als Zeugnis von Feindschaft, wenigstens als ein Mangel von Liebe und Vertrauen aufgenommen - selb ist eine harte Sache. Die Weiber haben wirklich die auffallendste Ähnlichkeit mit den politischen Despötlein, die jede andere Meinung verdammen, die unbedeutende Schattierungen in den Ansichten als Vaterlandsverrat verschreien.

Es schickte sich jedoch Stüdeli nicht, die Mutter zu verschreien, aber ihr Betragen tat ihm im Herzen weh. Jetzt habe es keinen Menschen mehr auf Erden, der es gut mit ihm meine; wenn es doch nur sterben könnte! Nun, so ernst mit dem Sterben wars ihm denn doch nicht. Der Mensch redet gar unbesonnene Dinge, und es wäre niemand erschrockener als er, wenn der liebe Gott aus allem Ernst machen wollte. Ja, es kommt uns alle Tage wohl, ist der liebe Gott witziger als wir. Stüdeli hatte gar ein hübsches und liebes Buebeli; wenn es hätte von dem weg sollen, es hätte doch was abgesetzt, und die Augen wären ihm aufgegangen, wie unendlich schöner es auf dem Tanzboden sei als unten im schwarzen, kalten Grabe. Aber eben, der liebe Gott war witziger als es, er stellte es nicht auf die Probe. Er wußte, daß auch ohne dieselbe es ihm auf dem Tanzboden immer besser gefallen werde, je mehr es sich daran gewöhne. So geschah es auch, und dazu trug die Mutter viel bei, weil sie so wüst gegen ihns gewesen und mit den andern es gehalten hatte.

Selbes Jahr war ein schöner Heuet, und wenn schön Wetter ist, geht alles ring, die angestrengtesten Arbeiten werden mit Lust und Jubel abgetan. Stüdeli war ein sehr werkbar Mensch, wie man zu sagen pflegt, und viel lieber bei der harten Arbeit draußen als bei der leichtern Hausarbeit. Es wurde auch deswegen sehr gerühmt, und darauf hielt es etwas. Die Schwiegermutter sagte öfter: »Dä halb Tag bleib du daheim, kannst im Garten was machen, draußen bist nicht nötig, sind Leute genug draußen, machen einander fast Plätzen ab, aber der Vater will es so haben. Er sagt, wenn die Leute begehren zu verdienen, solle man ihnen Arbeit geben, was sollten sie sonst?« Stüdeli ließ sich selten bereden, und wenn es der

Hausgeschäfte wegen nicht gleich mit ausmarschieren konnte, so marschierte es desto geschwinder nach.

Einmal ging es ihm auch so; die Landwehr war schon lange am Heukehren, als es hinter einem Haselhag herkam, ohne daß sie es sahen. Als es eben zu ihnen stoßen wollte, hörte es jemand sagen: »Es scheint, üsi Birlig-Stüdle well hüt am Schatte blybe«, und ohne weiter was zu denken, trat es durch den Hag. Erst als seine Erscheinung offenbar einen Eindruck machte, alles schwieg, um so eifriger die Hände gerührt, seltsame Blicke sich zugeworfen wurden, fielen ihm die Worte auf, und ob sie wohl ihm gegolten. Sobald es mit einer ihm zugetanen Magd ein vertraut Wort wechseln konnte, frug es, warum es sie heute so erschreckt, und was da gesagt worden. Lange wollte das Jungfräuli nicht mit der Sprache heraus, endlich nach vielen Vorreden, es solle es doch recht nicht an ihm zürnen, es vermöge sich dessen durchaus nichts, im Gegenteil, es habe oft gewehrt, bekannte es, es heiße hier herum das Birlig-Stüdeli, aber nicht Birlig-Stüdle, wie der Unflat da gesagt. Daneben sei es nicht böse gemeint, um es auszuführen, dsGegenteil, bei allen rechten Leuten sei es bsunderbar ästimiert. Das war ein Stich für Stüdeli, gegen den alles Bisherige bloße Flohbisse waren.

Wer auf dem Lande gewesen, weiß, daß man zumeist das abgemähte Gras zwei Tage liegen lassen muß an der Sonne, wenn es gut Heu werden soll. Über Nacht rechet man es auf und stößt es in kleine Haufen zusammen, damit der Tau nicht alles netze und der über Nacht feucht gewordene Boden früh von der Sonne getrocknet und erwärmt werde, dann zettet man wieder. Dies macht man hauptsächlich und dann die Haufen etwas größer, wenn zweifelhaft Wetter ist. Diese Haufen nennt man in den Dörferen Birlig, im Emmental Schöchli. Als nun Stüdeli da oben von seinen Birligen sprach, da horchten die Leute hochauf, und als sie endlich merkten, was Stüdeli darunter verstehe, da pfupften sie sehr und fanden im höchsten Grade lächerlich, daß man da unten solchen Haufen Birlig sage, es seien ja Schöchli, und wer das nicht wisse, der müsse hingernache der Welt daheim sein. Da ist noch die alte, mächtige Rechtgläubigkeit zu Hause, wo man, so wie es nur einen Gott, nur eine Wahrheit gibt, auch nur einen Ausdruck für eine Sache, nur einen Gebrauch, nur eine Sitte kennt und für die allein wahre und seligmachende anerkennt, alle andern als dumm, lächerlich, ketzerisch verlacht und verdammt. An solchen Orten betrachtet jeder sich als der Darsteller der rechten Sitte, der rechten Sprach- und Lebensweise. Da gibt es noch prächtige Selbstbewußtsein und glückliche Selbstgenügsamkeit, potz Habicht! Stüdeli meinte mit ebendem Recht, Birlig sei das rechte Wort, und Schöchli sei ein lächerlich Wort für Birlige, denn das seien ja Birlige und nicht Schöchli, und jetzt solle es deswegen verlacht, verspottet werden von Leuten, welche das Rechte nicht wüßten, und das müsse es sich gefallen lassen (das Unterziehen der Minderheit unter die Mehrheit), ja sogar einen Übernamen davontragen, für sein Leben lang Birlig-Stüdle (»Nit Stüdle, ume Stüdeli«, schaltete die Magd ein. »Blas dir drein, Stüdle oder Stüdeli kömmt in eins!«) »Birlig-Stüdeli heißen, daß Kind und Kindeskinder noch mit mir das Gespött treiben!«

Kurz, Stüdeli wurde fast krank darob, das alte Weh erwachte stärker als nie, es tat recht wüst, so daß es die Leute ärgerte. Stieße es nicht immer den Kopf mit den Diensten zusammen, so hätte es sich und ihnen diesen Verdruß ersparen können. Sie vermöchten sich dessen ja nichts, sie hätten denselben ihm nicht angehängt, und wenn sie ihn verbieten wollten, so hülfe es nichts, sie könnten nicht immer bei den Leuten sein, es würde das Übel nur ärger, wurde ihm auf sein Aufbegehren geantwortet. Jetzt hatte es die Übeltaten seiner Mutter ganz vergessen; in den höchsten Nöten bleibt denn doch die Mutter die letzte Zuflucht. »O Muetti, mys Muetti, wenn ich doch bei dir wäre, wenn du wüßtest, wie es deinem Kinde geht, wie man es ihm macht, wohl, du würdest anders reden, würdest sagen, ob du eine Birlig-Stüdle zur Tochter haben wollest oder nicht!« Allweg möcht es dies der Mutter klagen, möchte hören, was sie dazu sage. Es müsse zu ihr, stellte sich immer fester in ihm, und je eher je lieber; wie lange man lebe, wisse man nicht.

Das vernahm also der Peter, es wolle nächsten Samstag zu den Eltern. Peter meinte, das pressiere nicht so, gäb acht Tage früher oder später. Mit dem Heuet seien sie nicht ganz fertig, er könne es nicht begleiten, die Rosse brauche man. Das habe nichts zu sagen, antwortete Stüdeli, es kenne den Weg alleine, und für das Kind nehme es das Kindswägeli, nicht weiter, als es ja sei, gehe es schon. Aber am Samstag müsse es sein, es hätte ein Blangen nach den Eltern, daß es ihm fast das Herz abdrücke, länger halte es es nicht aus. Gehe es jetzt nicht, gebe es gar nichts mehr daraus, nach dem Heuet hange ein Werk am andern, und wenn dBirlig-Stüdle schon nicht recht reden könne, für z'werche sei es gut genug. Kurz, Stüdeli tat wüst, bis Peter sagte: »Nun, wenn du es zwängen willst, so zwängs, aber nimms nicht für ungut, wenn man dich so gehen läßt, wie du gehen willst; bei uns ist das der Brauch, daß das Nötige vorausgeht und dGlüst hintennach. Häbs daher nit ungern, wenn wir bei unserem Brauch bleiben, dir wollen wir auch nicht davor sein, wenn dir das Heimgehen vorzieht.« »Ja, ja, Brauch über Glust, Brauch über alles, das kann man hier alle Tage erfahren«, sagte Stüdeli. »He nu so de!«

Am Samstag machte es mörderlich heiß, ein Gewitter drohte auf den Abend. Dessen ohngeachtet machte Stüdeli sich zweg und antwortete der Großmutter, welche fragte, ob es denn sein müsse, ein trockenes Ja. Doch brachte ihm diese, als es abfahren wollte, ein Gütterli mit Milch für das Kind. Stüdeli meinte, es hätte es nicht nötig, aber die Großmutter meinte, wohl, so ein Ammeli sei schon oft kommod gewesen, und diesmal gab doch Stüdeli nach. Um das abreisende Stüdeli drängte sich die Familie nicht, man ließ es ziemlich einsam abziehen. Die meisten waren auf dem Felde; wer da war, machte den Abschied kurz, sah ihm aber lange nach, und in den Herzen grollte es, daß so etwas Unnötiges habe gezwängt sein müssen. Wo es wohl drBrauch sei, während einem Werch zDorf zu gehen? So was mache man zwischen den Werchen, wenn man sonst nichts zu tun habe. Die Leute würden schön die Nase rümpfen, wenn sie das Sühniswyb auf dem Tanzboden mit dem Kinderwägeli daherfahren sähen. Geschlagen sei man mit einem solchen Zwängkopf. Geglaubt hätten sie, es habe gebessert; wie es scheine, wolle es wieder ins alte Gläus. So dachten sie, es war keins, das nicht so grollte bei sich. Aber das müssen wir sagen, dieser Groll brach nicht aus, man redete gar nicht darüber, jedes verwerchete denselben in sich, bis er erstickt war. Das war auch Brauch da oben und zwar ein schöner. Es ist mit diesem Groll nämlich wie mit einem Brand in verschlossener Kammer. Bleibt dieselbe verschlossen, so erstickt das Feuer oder ist doch bald gelöscht. Reißt man Tür und Fenster auf, so entwickelt sich erst des Feuers Macht, bald steht das ganze Haus im Brande.

Bei Stüdeli grollte es aber auch nicht wenig. Ihns so ziehen zu lassen! Hätte man nicht ein Pferd entbehren, ihns durch einen Knecht können führen lassen wenigstens eine Strecke weit oder durch eine Magd das Wägeli ziehen lassen! Das sei doch weder Bruch noch Gattig, daß man ein Söhnisweib das Kinderwägeli ziehen lasse, wenn man vier Rosse im Stalle habe, akkurat wie ein Bettelweib, und sövli weit und sövli heiß! Man sieht, es hat jede Sache zwei Seiten, und je nachdem man sie betrachtet von dieser oder jener, erhält sie Farbe und Form. Je heißer es wurde von der glühenden Sonne, desto hitziger brannte der Groll. Sein Lebtag wolle es nie, nie mehr zfriede werden, dachte es. Kein kühl Lüftchen ging, drohender stockte es am Himmel. Mein Gott, noch ein Wetter auf alles hinauf! dachte es. Die Wetter fürchtete es sehr, lief stärker, bekam immer heißer, verlor den Atem, das Kind erwachte, fing an zu schreien, und Stüdeli kams an, ihm schreien zu helfen, doch für einstweilen ließ es es bei Weinen und Schluchzen bewenden. Es nahm das Kind aus dem Wägeli, setzte sich auf einen Abweisstein und stillte es; da fanden wir Stüdeli. Als das Kind satt geworden, fielen ihm die Äugelein wiederum zu. Stüdeli packte es wieder ein, deckte ihm das Gesicht mit einem Nastuch, denn von Engeländer-Schleiern wußte man auf dem Tanzboden nichts, fand dabei das Ammeli oder Milchgütterli. Stüdeli, ganz verlecknet von Hitze und Staub, setzte es an den Mund und trank es aus. «Es ist alles für etwas gut», dachte es, und nachdem es den Mund abgewischt, setzte es den Marsch fort. Die Milch hatte ihns erquickt, doch nicht bis in die Füße hinab, die brannten ihns schrecklich, taten ihm sonst noch weh, es war matt, müde, es hatte sich anfangs überlaufen, und des Ziehens war es nicht gewohnt, und die Wolken wurden immer schwärzer, laufen sollte es immer stärker, wenn es nicht ins Wetter kommen wollte, und es mochte immer minder; daß es einem so elend werden könne auf Erden bei lebendigem Leibe, hatte es nie gedacht. Es verzichtete aufs Heimkommen, dachte ans Sterben, das könnte ihnen dann wohl ein Gewissen machen da oben, und das möchte es ihnen wohl gönnen, denn sie wären doch schuld daran. Aber das arme Bubi! Dann tat es wieder einen Schritt weiter und noch einen, und endlich waren es ihrer hundert, und die Stunde, welche es noch nach Hause hatte, kurzete mit jedem Schritt, aber langsam, langsam; eine Stunde ist eine Ewigkeit, und die wird immer länger, je größer der Jammer, je enger die Schuhe werden, in denen man steckt.

Endlich sah man das Dorf, endlich war die March erreicht, es schien, es sollte doch noch sein, daß es hin komme. Es setzte sich, es schöpfte Atem, es machte einigermaßen Toilette; dsBubi schlief süß, sonst hätte es auch herhalten müssen. Als es so über die Häuser sah, das ihre als eins der bedeutendsten, da fing es plötzlich an sich zu schämen und zu denken: »Aber, du mein Gott, was werden die Leute denken, wenn du so daherkommst wie ein Bettelweib? Sie werden meinen, du seiest fortgelaufen, oder man hätte dich ausgejagt, die werden lachen und es dir gönnen mögen. ›Das geschieht der recht, der war hier keiner recht, es hat ein Fremder sein müssen, einer da oben, jetzt kann sie es erschmöcken, was das für Leute sind da oben. Die wird einen Schuh voll hinausgenommen haben! Nun, es sollte jeder so gehen, der vor Schmäderfräsigi keiner recht ist daheim herum.«Jetzt kam es Stüdeli, was das Zwängen kann, und daß man erst alles bedenken sollte, ehe man etwas durchstiert. Es hätte manchen Batzen gegeben, es säße auf dem Tanzboden als da zunächst vor seinem Dorfe. Doch langes

14

Werweisen galt nicht, hier und da fiel schon ein Regentropf. Stüdeli war nicht so dumm, daß ihm nicht eine Ausrede einfallen sollte. Das Roß sei krank geworden, mit dem sei der Mann heimgefahren, und es habe ein Wägeli geliehen, weil der Bub ein gar schwer Tragen sei. Nun, Ausreden sind kommod, besonders wenn sie geglaubt werden, aber leider ist es nicht alleweil dumm, das hochgeehrte Publikum. Stüdeli glaubte sich stich- und schußfest, fuhr kühn dem Dorfe zu, geschwind und immer geschwinder, ganz nach dem Takt der Regentropfen, die ebenfalls immer rascher fielen, bis es endlich platzte da oben und Ströme, wahrscheinlich noch aufgesparte von der Sündflut her, niederprasselten. Im Nu waren Stüdeli samt Bagage fletternaß, es dachte schon ans Ertrinken und war nicht mehr als einen halben Scheibenschuß vom Dorfe. Da sah es die alte, bekannte Brechhütte, wo es so oft seinen Hanf zerschlagen, neben der Straße stehen, mit einem Giebeldach versehen, der die Wände nicht mehr hölzern waren, daher alle Herbst abgebrochen wurden, sondern wohl gemauert, Hitze und Kälte Trotz boten. Rasch fuhr es in die Grube, wo notdürftig Scherm war, und sah in Ängsten nach dem Bubi, das nicht bloß noch lebte, sondern sogar noch schlief trotz Donner und Blitz. Es schermte es bestmöglich, aber sorgfältig, um es nicht zu wecken.

Da dunkelte es beim Eingang, Stüdeli sah sich kaum nach den beiden hereinstürzenden Gestalten um, sorgte fürs Kind, da rief es plötzlich: »Donner, bists, oder bists nicht? An dich hätte ich nicht gedacht! Mit Schein ists dir gegangen wie mir, immer zweimal böser ehe einmal besser.« Erschrocken sah Stüdeli, die Stimme kannte es, es war des Geißenhändlers Bub und neben ihm ein weiblicher Kopf, naß wie eine Maus, daher nicht mehr strub, aber die nassen Mäuse sind bekanntlich noch viel ekelhafter als die struben, so ein rechtes Dascheli, dem man die Blätterhaftigkeit naß und trocken auf einen halben Scheibenschuß ohne Brille ansah. An die Begegnung hatte Stüdeli nicht gedacht. Stich um Stich ging ihm durchs Herz, es verlor fast den Atem, doch die Besonnenheit nicht. »Wer ins gleiche Wetter kommt, wird ungefähr gleich naß, selb ist seit langem der

15

Brauch«, sagte Stüdeli; »drnebe, wenn es dir bös ging, gings dir anders als mir, mir gings gut, nit bös.« »Habe geglaubt, weil du so daherkamest wie aus einer Kanone, du seiest mit dem Schelmen draus und dLandjäger hinter dir.« »Ho, es sollte dir zSinn cho, daß üser Gattig Lüt auch springen, wenn ein Wetter platzt; vor den Landjägern z'springen, will ich einer andern Gattig Lüte überla.« »Du hast recht«, antwortete des Geißenhändlers Bub, »von den Springige warest nie, best immer ordeli gwartet, öppe hert springe her me nit müeße, bis me dih epsoge het.« Da flammte die Baurentochter in Stüdeli auf, es richtete sich auf und sagte: »Vo dem wirst öppe nit viel z'brichte wüsse, oder hest, su sägs!« »Aparti viel wüßt ich nicht«, sagte dsGeißenhändlers Bub, »aber was nicht war, konnte werden. Wo du einmal draus warest, da erleidete mir alles, und ich hing mich an das Dasch da, es besaß einige Taler und hatte einen Vetter, der drei Geißen besaß. Ich meinte, wie gut ich es gemacht, aber dsGeld ist zum Tüfel, dGeiße bim Schinder und dsDasch ist mr bliebe.« Aber das Dasch hatte auch ein Maul und zwar eins, wie man in dem Eiertätschgesicht nicht erwartet hätte. Das findet sich oft beim Weibervolk, daß, wenn alles fehlt, doch das Maul ausbündig ist und allen Fürsprecheren gewachsen, sogar den dümmsten. Nun brachs los und zwar zweischneidig, es hieb nach dem Manne und nach Stüdeli hin, daß diesem weh wurde, denn mit einem solchen Mensch wollte es nicht handgemein werden, nicht mit des Geißenhändlers Bub gemeine Sache haben. Es tat, als höre es das Daschi nicht, sagte, das Kind sei naß geworden, es könnte sich erkälten, und wenn es schon noch regne, habe doch das Wetter aufgehört, deckte das Kind noch mit seinem Fürtuch zu und fuhr zum Loch hinaus, ehe des Geißenhändlers Bub ihm anerbieten konnte, er wolle ihm das Wägeli ziehen.

Nun, es war bald im Dorfe, aber seines Vaters Haus nicht das erste und nicht das zweite, es ging eine lange Gasse hinab neben vielen Häusern vorbei, und unter den breiten Dächern stund, durch das Wetter vom Felde verjagt, viel Volk, und dabei vorbei mußte Stüdeli in seinem Aufzuge, auch eine nasse Maus. Das war ein recht

16

Spießrutenlaufen! In die Erde hätte Stüdeli versinken mögen. Es antwortete den grüßenden Stimmen nicht, es dachte nur an die flutenden Glossen unter den breiten Dächern, und ganz atemlos fuhr es unter seines Vaters breites Dach, wo das ganze Volk versammelt stund. Sie hatten da auch gelacht und gewitzelt, als sie die Frau das Dorf ab kommen sahen. So ists, fällt jemand um, wird behagelt oder beregnet, macht es allen, die es sehen, zuerst gutes Blut, und erst wenns gar übel geht, kommt sehr langsam das Mitleid nach. Eigentlich sind wir ein Lumpenvolk, wir Menschen nämlich. Als nun aber die Frau gegen das Haus einbog, als man in ihr des Hauses Tochter erkannte, da schlug man die Hände über dem Kopf zusammen. »Aber mein Gott, mein Gott! Was hats gegeben? Wo kommst du her?« tönte es von allen Seiten, und ganz bleich kam die Mutter aus der Küche gefahren. Als sie das Geschrei hörte, meinte sie erst, es brenne. Als sie nun Stüdeli sah in dem Zustande, bachnaß, und das schreiende, triefende Kind, da wurde ihr Schrecken noch größer. »Herr Ises, mein Gott! Was ist mit dir? Was bringt dich so?«

Stüdeli war noch keine gemachte Natur, aber die Anlagen dazu hatte es, es konnte sich fassen, wenns nötig war. Auf all das Geschrei antwortete Stüdeli nicht mit Gestöhne und Zähneklappern, sondern mit lachendem Munde. Da sei nichts, um so nötlich zu tun. Im Wetter seien sie naß geworden und werden bald wieder trocknen, wenn sie einmal in die Stube kämen. Und ins Wetter sei es gekommen, weil das Roß Bauchweh bekommen, der Mann mit demselben heimgefahren und es daher sich verspätet. Sie hätten einmal zDorf kommen wollen, es sei schon so lange nicht hier gewesen, daß es sich kaum mehr kenne. Glaubwürdiger konnte kaum was sein, denn bekanntlich kriegen die Pferde auch Bauchweh, und dann ist es mit dem Springen aus. In ein Gewitter kommen ist auch keine Kunst, es begegnet gar zu vielen Leuten, und wenn es regnet, wird man naß, was kein Mensch in Zweifel ziehen wird. Kurz, die Auskunft war über alle Erörterungen erhaben, genügte vollständig allen, wie es schien, und ohne weiteres Gerede schaffte

17

man so schnell als möglich Mutter und Kind ins Haus, sorgte dafür, daß sie trocken wurden und das Kind beruhigt, was nicht lange ging.

Als sie wieder in die Wohnstube kamen, da war viel Wohlgefallen an Mutter und Kind. Stüdeli war eine stattliche, hübsche junge Frau und freundlich mit den Mägden, welche ab und zu gingen, den Tisch zu bereiten. »Wo weit Dr hocke?« frug die eine Stüdeli. »Mit wie mängem redst?« frug dasselbe. »He«, war die Antwort, »ume mit eim, aber es wott sih mr neue nit angers schicke.« »Su machs z'schicke, sust red ih key Wort mit dir meh.« »Selb wär mr nit aständig, da wirde ih wohl müeße«, antwortete die Magd, ganz selig im Herzen über solche Niederträchtigkeit und Gemeinheit. E selligi werd me nit bald atreffe, die so gar nüt hochmüetig sei, sagte sie draußen in der Küche. Aber noch mehr erfreute das Kind, so hübsch, so schön und selligi Kruselhaar, akkurat wie es Engeli. Es flog von Arm zu Arm und wurde geputelet, als ob man ihm das Herz aus dem Leibe schütteln wollte, und je wilder es ging, desto mehr lächerte es den kleinen Türken. Das gebe einmal einen Rechten, war das allgemeine Urteil. Selbst die Knechte machten ihm auf ihre Weise den Hof, *per se* zuhanden der Alten. Stüdeli brachte einen recht heitern Abend ins Haus, kein Mensch hätte ihm angesehen, wie es auf dem Tanzboden eigentlich doch so gleichsam drausgelaufen, und welch Elend es unterwegs ausgestanden. Es war selbst recht munter und glücklich jetzt im Trocknen. Nur eins saß ihm quer im Kopf, das war die Begegnung mit des Geißenhändlers Bub in der Brechhütte. Es kannte sein Dorf, es wußte, wie prächtig in diesem guten Boden die Geschichten wuchsen, wie schnell aus einer Laus ein Elefant sich herausbildete, und wie wahrscheinlich das Gröblichste durch sein Daherrennen mitten im Wetter gemacht wurde. Es machte endlich bei sich selbsten aus, am besten komme es allem zuvor, wenn es den Hergang selbst erzähle so gleichgültig als möglich und gar nichts daraus mache. Nicht wahr, das war nicht dumm? Die Unbefangenheit von Stüdeli und die lustige Art, wie es von dem Daschi sprach vor dem Gesinde, nahm allerdings der Sache den Stachel.

18

Der ganze Einzug von Stüdeli war bereits auf der Trommel im ganzen Dorf, die verschiedensten Mutmaßungen wurden herumgeboten, immer so scharfsinnige, als man sie von Gelehrten hört über vorsündflutliche Inschriften. Des Geißenhändlers Bub rührte das Kuchipulver ein, und dessen Daschi streute den Pfeffer darüber und das Körblikraut. Als noch an selbem Abend die Knechte vom Hause auf den gewohnten Sammelplatz kamen, wurde schon viel geschwatzt, und des Geißenhändlers Bub, der immer da war, wo er schwatzen konnte und zu schmarotzen hoffte, wärmte allerlei giftiges Zeug ins Gerede, und was er gesagt und absonderlich sein Daschi, daß die Stüdle nicht mehr hätte warten dürfen, sondern mitten durchs Wetter die Flucht genommen. Der hatte aber Zeit, nicht bloß zu schweigen, sondern auch sich zu streichen, wenn er nicht des Melchers Tatzen an seinem Kopfe haben wollte. Wie Ritter oder vielmehr wie die Knappen eines Ritters verfochten sie die Sache von ihres Bauren Tochter. Sie wüßten, wie es sei, sagten sie, sie hätten es selbst gehört, und wer es nicht glauben wolle, dem wollten sie die Sache begreiflich machen. Das schlug den Klatsch für den Augenblick so ziemlich nieder; denn wenn die Dienstboten einmal zur Seltenheit für ihre Meisterleute gute Zeugnis abgeben, warum sollten dieselben nicht wenigstens halb so gut geglaubt werden als die bösen, die jedenfalls immer noch etwas mehr als ganz geglaubt werden!

Stüdelis Vater hatte dasselbe viel zu fragen über die äußern Angelegenheiten des Hauses, Landbau, Viehzucht und so weiter, und Freude an der Tochter, die über alles verständig Bescheid wußte. Darob wurde es ziemlich spät, daß die Mutter endlich sagte: »Du wirst froh sein, an die Ruh zu gehen, es ist dir zweggmacht in deinem alten Stübli.«

Als Stüdeli zu Bette war, kam die Mutter. »Wenn du nichts dagegen hast, so liege ich diese Nacht bei dir. Hätte noch allerlei mit dir zu reden; diesen Abend gabs es nicht, und morgen wahrscheinlich auch nicht, in einem solchen Hause ist man nie ruhig.« Stüdeli zeigte große Freude und fühlte doch eine beträchtliche Beklemmung, die es gar nicht für möglich geglaubt diesen Nachmittag; als es aus Ägypten, aus dem Diensthause zog, da war es ihm z'vorderst, es dünkte ihns, wenn es bei der Mutter sei, so hätte es ganze Fuder zum Abladen, und jetzt hätte es fast lieber geschwiegen. Es fürchtete, die Mutter könnte es noch auslachen. Indessen war das nur vorübergehend. Als sie im Bette waren und gebetet hatten, nahm Stüdeli die Mutter um den Hals und küßte sie gar herzlich. »O Muetterli, o Muetterli, wie lieb bist mir, wenn ich dich doch geng by mr hätt!« sagte es. Die Mutter erwiderte diese Zärtlichkeiten, dann frug sie: »Jetzt, Stüdeli, sag mir, warum kamst heute dahergeschossen wie aus einem Stuck; habt ihr guneiset da oben, oder was ist?« »O Mutter«, antwortete die Tochter, »du bist doch immer die Merkigste, vor dir kann man nichts verbergen. Guneiset aparti nit, aber ich hatte das Herz so voll, daß es mich düechte, es müsse versprengen, wenn ich es nicht bei dir leeren könnte.«

Nun erzählte Stüdeli so ziemlich aufrichtig alles, was begegnet war, und frug schließlich die Mutter, ob es denn das gelassen annehmen könnte, wenn es sein Lebtag Birlig-Stüdle heißen müßte, ob es wohl einen wüstern Übernamen geben könnte auf der Welt als Birlig-Stüdle? »O ja«, sagte die Mutter, »noch viel wüstere gibt es, und, je böser du darüber wirst, und je mehr du es erzeigst, desto länger heißest du so, und desto weiter kommt er herum. Da war doch wirklich nicht Ursache, daheim gegen deine Leute wüst zu tun. Warum mußten sie es entgelten? Sie sagten dir ja nicht so, hingen den Namen dir nicht an. Denk doch, wie ungern sie haben müssen, daß du da im Heuet ausrissest, wo es jedermann in Sinn kommen mußte, es habe etwas Ungerades gegeben, denn so mir nichts, dir nichts führest du nicht im Heuet mit einem Kinderwägeli in der Welt herum.« Stüdeli unterbrach die Mutter oft mit einem: »Du hast recht, aber denk, aber lue, aber wenn du noch jung wärest!« Und die Mutter ließ sich gerne unterbrechen, um um so gründlicher der Tochter Herz ausputzen und fegen zu können. Sie mahnte hauptsächlich zu Sanftmut und Ergebung, nie in der ersten Aufregung auffallende Schritte zu tun, nie was erzwingen zu wollen, was nicht, von Gott geboten, sein müsse, immer an der andern Menschen Platz sich zu setzen und zu denken, wie sie das aufnehmen, was sie dabei denken müßten, und wie es einen Austrag nehmen müsse. Fortlaufen könne man wohl, aber das Heimkommen habe eine Nase, denn der Mann, der seine Frau wieder hole, die bloß wegen einer Kleinigkeit fortgelaufen, der werde sein Lebtag nie viel sein. Sie sei auch einmal auf dem Wege gewesen, so fortzulaufen. Sie habe den Hühnern misten wollen; er sei dazugekommen und habe mit ihr aufbegehrt, ob sie nichts Besseres zu tun wisse als den Hühnern zu misten, es dünke ihn es wären nötigere Sachen zu tun als den Hühnern zu misten. Wenn das nicht gute, drehe er den Hagle noch den Hals um. »Da schien es mir, als würde es auf einmal ganz schwarz um mich, das hätte afe kei Gattig, daß ich den Hühnern nicht mehr misten solle, wenn die Zeit um sei, das sei ein unerhörter Zwang, bei dem ich nicht leben könne. Wenn er einen Funken Liebe zu mir hätte, so könne er nicht so gegen mich sein, lieber weg, dänne, je eher je besser. Damals hatten wir nur noch ein Kind, das nahm ich, legte nicht einmal andere Kleider an und lief mich außer Atem. Da mußte ich absetzen, um Luft zu fassen, und sah zurück. Es sei doch ein schön Haus, dachte ich, viel Sachen darin, z'werche und z'esse gnue, er daneben sonst kein Uflat. So hing sich ein Gedanke an den andern, ich dachte daran, was die Leute sagen würden, wenn sie mich in den allerschlechtesten Kleidern, in schmutzigem Hemd und Fürtuch herumlaufen sehen würden, oder wenn er gar ausschicken würde, mich zu suchen in den Bächen und an den Bäumen, wie ich das nachher doch ungern haben würde, wie ich erst heimsollte, ihm zu sagen, wohin ich ginge, und vor allem mich anders anziehen, vielleicht daß es ihm doch dann leid sei und er mir anhalte, ich solle bleiben und ihm verzeihn, dann könne ich immer noch machen, wie ich wolle, denn recht anhalten müsse er mir, sonst ginge ich. Ja, und dann? Ja, dann, dann holt er mich wieder. Ja, und wenn nicht? Was da machen? Scheiden? Warum nit gar, scheide will ich nicht, es ist mir hier nicht erleidet. Selbst wiederkommen wie der verlorne Sohn? Wär da etwas gewonnen? Ja, er könnte es mir mein Lebtag vorhalten und sagen: ›Lauf nur fort, kommst von selber wieder!‹ Und als ich zum Hause kam, machte ich stillschweigend meine Arbeit, sagte ihm erst lange, lange nachher, was ich einmal gewollt. Und seither dachte ich kein einzig Mal mehr ans Fortlaufen. Vor allem aus laß Kleinigkeiten sich nicht ansetzen, laß nichts anbrännten und bitter werden in deinem Herzen! Ists einmal bitter im Herzen, wird alles bitter was drein- und drauskommt, und alles dir ein Ärgernis, was dir vor Augen kommt, und wenn es der liebe Heiland selbsten wäre. Da ist dann eine Sache, dabeizusein, daß böser nichts ist auf Erden, und du selbst hättest die größte Pein. Das wäre noch was ganz anders als dBirlig-Stüdle heiße.«»Ja, ja, hast recht, Mutter«, sagte Stüdeli, »sehe es jetzt wohl ein. Wenn ich aber nur dr tusig Gottswille wieder daheim wäre!«»Das wird keinen Kopf kosten«, sagte die Mutter, »mach nur kein sauer Gesicht, tue, als ob gar nichts Zwiespältiges vorhanden gewesen, so werden sie auch so sein und weder mit Mienen noch Worten was merken lassen. Das sind feine Leute.«

So besprachen sich Mutter und Tochter über dieses und anderes, was die Leute nichts angeht, und als endlich Stüdeli einschlief, war ein bedeutender Teil der Nacht vorüber, aber auch Stüdeli an Weisheit bedeutend reicher geworden. Das Gewitter hatte die Luft geläutert, es war ein prächtiger Sonntagsmorgen, den jedoch Stüdeli fast verschlief. Sobald es flott war, nahm es sein Bubi auf den Arm und ging in den Garten den Blumen nach. Aber der Garten gefiel ihm nicht wie früher, die Wege waren gar zu eng, der Buchs nicht geschoren, ein Gnist darin, wenn man es sagen durfte, und vieles verkümmert und halb erstickt. Es fand den auf dem Tanzboden schöner; wenn es hier wohnen sollte, das müßte ihm anders werden, dachte es. Es war nicht lange alleine, eine Gespielin nach der andern kam, ihns zu grüßen, zu fragen, warum es gestern so dahergekommen wie eine Bombe, welche vom Himmel gefallen? Sie hätten gemeint, dFranzosen oder gar dRussen seien hinter ihm her. Stüdeli hielt sich gut, gab Bescheid mit lachendem Munde, frug, wie ihnen sein Bubi gefalle, dem man es allerdings von weitem ansah, daß es nicht armer Leute Kind war. Aber der kleine Kerl war heute recht unartig, entfremdete sich vor den Töchtern des Dorfes, wollte zu keiner gehen, wendete sich unwillig der Mutter zu, wenn eine ihn nehmen wollte. Die Töchtern wurden recht empfindlich. »So«, sagte eine um die andere, »bin ich dir nicht gut genug? Du bist doch ein recht hochmütiger Emmentaler!«

Auf dem Kirchweg machten sie dann ihre Glossen auch über Stüdeli. Das sei auch nicht mehr das alte, sagten sie, es sei hochmütig geworden und tue so vornehm und werde doch kaum viel Ursache dazu haben. Wenn eine das Kinderwägeli selbst ziehen müsse, so könne man daraus abnehmen, ihr Höfli werde nicht Rosse ertragen, höchstens ein paar magere Küehli, vielleicht gar nur Geißen. Es nehmte sie doch wunder, was die für ein Gesicht gemacht, als des Geißhändlers Bub zu ihr in die Brechhütte geschloffen sei und hintenher seine Blättere. Das hätte sich doch treffen müssen, daß beide gerade da zusammengekommen, schöner nützte nichts. Es könne kaum ein abgeredet Spiel gewesen sein, daneben könne man es nicht wissen, für nichts und wieder nichts werde doch die Frau ihnen beiden nicht wüst gesagt haben. Die solle bedenklich ausgekehrt haben, daß eben das Stüdeli mitten im Wetter die Flucht genommen und dahergekommen sei wie aus einer Kanone. So zergliederten die Kirchenleute den Besuch, er bildete das Tagsgespräch, die *nouvelle du jour*. Schüchtern redeten einige dazwischen und gaben wieder, was Stüdeli selbst erzählt und durch die Knechte ins Publikum gekommen war, aber sie fanden ungeneigte Ohren und wagten nicht, mit Energie ihre Meinung zu vertreten, sie wollten die Gunst des Publikums nicht aufs Spiel setzen. So hat es die arme Wahrheit, ihre treuen Liebhaber sind rare Vögel, selten einer wagt für sie ein Gefecht; sobald es hitzig zu werden scheint, macht er sich auf den Rückzug, geschweige daß einer ordentlich dafür einsteht.

23

Der Pfarrer predigte wirklich über diesen Vorfall nicht, zog ihn nicht einmal an, aber man hätte glauben sollen, er habe das nämliche Thema vorgehabt; denn, wo die Predigt die Gespräche unterbrochen, da setzten die Kirchgänger sie nach der Predigt fort, der Predigt gedachte kein Mensch. Heute hätte, glauben wir, der Pfarrer alles mögliche sagen können, selbst, sie seien Schelmen und Spitzbuben, und die Regierung bestehe aus Räubern und Mördern, sie hätten wenig Notiz davon genommen, allweg die Weiber nicht, er wäre kaum verklagt worden. Es werden, einige Alte ausgenommen, im Dorfe nicht viele gewesen sein, welche, als sie heimkamen, den verlesenen Text anzugeben gewußt hätten.

Unterdessen benützte die Mutter die stille Zeit während der Predigt, Stüdeli ihre Pflanzplätze zu zeigen, nachher gab es sich nicht mehr, wie sie wohl wußte. Pflanzplätze sind der rechten Weiber Ehrenplätze, zugleich eine Gelegenheit für Mütter, Töchtern auf den Zahn zu fühlen. Freilich war es wohl früh im Jahr und noch wenig Entwicklung da, sondern nur die Anfänge, und bloß einige Pflanzen und das Aussehen des Ganzen, ob es sorgfältig oder nachlässig gearbeitet sei, ließen sich beurteilen. Stüdeli rühmte, wie recht, und doch machte es die Mutter schließlich fast böse. Als sie die Pflanzungen verlassen wollten, drehte Stüdeli sich noch einmal um und sagte: »Aber Mutter, eins ärgert mich, das sollte nicht sein, du vermagst dich freilich dessen nichts, aber dem Ganzen gibt es ein bös Aussehen, das sind euere Bohnenstecken. Sieh, das sind krumme, dünne, kurze, keiner zwei Klafter lang, es sind eigentlich nur Erbsstecken, nicht Bohnenstecken, an denen können die Bohnen nicht hinauf an die Sonne wachsen. Da solltest unsere dagegen sehen, schön grade, halbe Tannli sinds. Weißt was, das nächste Jahr muß euch mein Mann drei-, vierhundert bringen, wir haben deren genug in unserem Berge, es tut dem Aufwachs nur wohl, wenn er erdünnert wird, und nehmen wir sie nicht, sprechen andere Leute zu. Es gibt auch bei uns deren Leute genug, welche meinen, es sei erlaubt, alles zu nehmen, was nicht schreit: ›Wottsch mih la sy, du Donner!‹« »He«, sagte die Mutter, im ersten Augenblick etwas empfindlich, »es ist kurios, daß dir die Bohnenstecken nicht mehr recht sind, sie sind nicht besser, nicht böser, als wir sie von je gehabt, und hatten, wenn sie gerieten, immer Bohnen genug und so schöne als andere Leute.« »Ja, Mutter«, antwortete Stüdeli, »zselbist hatte ich noch keine anderen Bohnenstecken gesehen, als wie man sie hier hat, ich meinte, sie seien alle so, aber seit ich unsere sah und andere da oben, gefallen die mir nicht mehr; die andern so schön gradauf und diese krumm und ghogeret, man darf fast nit luege. Du hast doch das nicht ungern, Mutter?« »Warum sollte ich, bsunderbar wenn du Wort haltest und machst, daß ich fünfhundert schön grade bekomme!« antwortete die Mutter, und ein fein Lächeln überflog ihr Gesicht. »Mutter, sollte ich nicht noch zur Base Gotte gehen, jetzt wärs vielleicht noch Zeit, ehe die Predigt aus ist, und sie könnte es zürnen, wenn ich mich nicht zeigte«, frug Stüdeli. »Hast ganz recht«, antwortete die Mutter. »Es ist eine wunderliche Base, lange macht die es nicht mehr, aber notti ist sie eine gute, und dich hatte sie immer bsunderbar lieb, und sooft ich sie sah, fragte sie nach dir. Aber säume dich nicht lange, sonst kommst mitten i dKilcherlüt.«

Die Base Gotte wohnte zu unterst im Dorfe, eine Strecke weit hatte Stüdeli zu gehen neben vielen Häusern vorbei, bei welchen wenige Menschen zu sehen waren. Das Dorf schien fast verlassen. Nicht etwa daß die ganze Bevölkerung in der Kirche war, bewahre, man war hier eben wegen der Bildung und wegem Sue über die Gottesdienstlichkeit hinaus, aber die einen schliefen noch, die andern schliefen wieder, die dritten kochten, und die vierten und Hoffärtigsten strählten und rissen ihre Haare am Kopfe herum, weil es Locken darin geben sollte und nicht geben wollte. Das Dorf kam Stüdeli anders vor als früher. Früher hatte es dasselbe für das schönste gehalten im ganzen Kanton, jetzt schüttelte es über gar vieles den Kopf. Die Strohdächer mit ihren braunen Gesichtern und grünen Anflügen kamen ihm gar häßlich vor, hingen wie alte, wüste Nachtkappen über die kleinen Fenster herein. Obschon es Sonntag war, sah es gar nicht aufgeräumt aus, Grebel hinter dem Hause und Grebel vor dem Hause, Stöcke, Reiswellen, Holz von allen Sorten,

Wagen und Bännen, kurz alles, was denkbar war, bunt durcheinander. Hier und da schien es akkurat als ob man sämtlich Material zusammengeschleppt habe, um im Fall der Not ums ganze Haus herum alsbald eine Wagenburg schlagen zu können. Die Misthaufen schwammen in einer braunen Sauce, die sich aber auch auf die Straße wagte und gerne mit dem Bache vermischte, aus welchem die Weiber unten im Dorfe den Kaffee machten, daher immer behauptet wurde, unten im Dorfe trinke man stärkern und brauneren Kaffee als oben im Dorfe. Bei der Base Haus sah es nicht schöner aus als bei den andern, und war ihm doch dasselbe von Jugend auf wie ein kleines Himmelreich erschienen, denn wenn es dahin kam, gab ihm die Base was Gutes. Es weiß kein Mensch, wie mancher Eiertätsch dort um Stüdelis willen den Weg aller Eier gewandert. Drinnen im Hause ging es ihm nicht besser.

Die Base war sehr freundlich, zog für ihns und das Bubi aus allen Ecken alles hervor, womit sie glaubte den guten Willen zeigen zu können, sogar einige neue Silberstücke drückte sie Stüdeli in die Hand. Nicht daß sie glaube, es hätte sie nötig, Mangel sehe man ihm keinen an, dsGunträri, es sei nur ein Zeichen, daß es sich an sie erinnere, daß sie auch noch da sei. Sie denke oft an ihns, und es solle einmal erfahren, daß sie es nicht vergessen. Sie erzeigte Stüdeli und dem Bubi eine recht großmütterliche Liebe und hatte die Augen voll Wasser, als Stüdeli pressierte und Abscheid nahm, denn trotz allem Guten kam es ihm in der Stube unheimlich vor, es war ganz eine andere als früher, eng, nieder, voll Fliegen, schwarz und nicht aufgeräumt. Es entschuldigte sein Pressieren, weil es den Kirchenleuten entrinnen wolle, und als es zum Haus aus trat, kamen sie gerade daher. Es glaube, der Pfarrer habe heute ihm wohl zTrotz eine kurze Predigt gehabt, früher sei er um diese Zeit kaum beim zweiten Teile gewesen, verschweige beim dritten. Es hatte sich zu weit vorgewagt, um durch eine Hintertüre entweichen zu können unbemerkt. Es stürzte sich also kühn in den Strom und stund viel Pein aus mit Grüßen und Danken, ehe es endlich landen konnte am elterlichen Hause.

Recht ärgerlich kam es zu der Mutter in die Küche und klagte, wie es mitten in die Leute gelaufen, was es just habe meiden wollen. Es wisse nicht, wie es komme, setzte es hinzu, »aber die Leute sind mir alle so grob vorgekommen. Ich weiß nicht, taten sie gegen mich expreß so, oder ist es ihr Brauch, was ich nicht glauben kann, denn früher waren sie nicht so. Und doch weiß ich nicht, was ich den Leuten zuleid getan, daß sie so gegen mich sind.« Die Mutter sagte nicht viel dazu als: »Es wird dih öppe ume düecht ha«, was aber Stüdeli nicht glauben wollte. Die Mutter hatte das Szepter in der Küche heute selbst zur Hand genommen und wenn zu rechter Zeit gegessen werden sollte, nicht viel Zeit mit Schwatzen zu verbrauchen. Nicht daß eine große Mahlzeit bereitet wurde, es war das Gewohnte ungefähr, aber die Stücke Fleisch, welche aufgestellt wurden, waren ausgewählt und alles mit besonderer Sorgfalt gekocht. Die Mutter wollte der Tochter zeigen, daß sie es nicht verlernt, daß sie es noch könne. Die Mutter hatte der Tochter die Wahl gelassen, ob sie ihr im Stübli decken solle, oder ob sie mit den andern an Tisch wolle. Stüdeli wählte das letztere. »Wenn ich apart essen würde, da täten sie erst recht aufbegehren und mich ausführen. Ich müßte geng hören, wie ich hochmütig geworden, eine Emmentaler Bäurin vorstellen wolle; wenn sie eine solche wären, so hätten sie doch das Kinderwägeli nicht ziehen, sondern mit Roß und Wägeli kommen wollen, und was dere uvrschamte Sachen mehr sind. So redet man doch da oben bei uns nicht miteinander«, grollte Stüdeli.

Bei Tische fing ein jüngerer Bruder von Stüdeli plötzlich zu lachen an, und als man ihn frug, was das zu bedeuten hätte, antwortete er: »He, wil Stüdi so ganz e Emmetauere ist u so emmetauerisch redet; hier sagt man den Kirsi Kirsi, wie sie heißen, und längs Stück hat es jetzt immer von Kriesene brichtet und anders noch mehr; ich sage ihm künftig nur das Kriesi-Stüdi.« Stüdeli kriegte ein rot Gesicht, die andern lachten, die Mutter sagte: »Du bist immer der Uverschamtest, Sämi, und, daß ich den Namen nie mehr von dir höre, sei mir dsHerrgetts! Weißt nit, daß Ubername

27

anhängen eine Sünde ist? Einen Namen gibt Gott mit der Geburt, einen andern Vater und Mutter in der Taufe, das sind die Nämen, wo gelten sollen, und die geben sie, welche das Recht dazu haben, und wer noch was hinzutut, der tuts is Tüfels Name, merk dir dies, Bub! Kriesi und Kirsi lat Gott wachsen, und an jedem Ort sagt man ihnen, wie es der Brauch ist, Kriesi oder Kirsi, und es ist beides gleich gut, und niemand hat das Recht, den andern auszulachen. Weißt es, Bub!« »Ja, Mutter, ich lache nicht deswegen, ich lachte bloß wege Stüdeli. Allbets konnte es auch Kirsi sagen wie wir; es sagt jetzt nur aus Hochmut Kriesi, es meint, das sei vornehmer«, sagte Sämi so mit der rechten gegenwärtigen Pflegelhaftigkeit eines übermütigen Schuljungen, wie man sie jetzt in den Dörfern, absonderlich in denen, wo Sekundarschulen sind, wo das französische ABC und Kappeleweltsch gelehrt wird, zu finden sind. »Sag du mir, wie du willst«, sagte Stüdeli, »es ist mir gleichgültig; aber wenn du mir einmal noch Kriesi-Stüdi sagst, so mußt du mir ›dr my Gott-Seel-Sämi‹ heiße. Weißt, warum? Ich hörte heute was, als ich beim Stall vorbeiging, das hört man im Emmental nicht, und das sagtest du aus Hochmut, daß man glauben sollte, wie ein Großer du seiest. Ich schämte mich fast für dich.« »So«, sagte der Vater zu Sämi, »mit Schein bekommen ich und du noch miteinander zu reden.«

Stüdeli sah alsbald, daß es in eine alte Wunde gestochen, es war ihm leid, es fing von seiner Abreise an zu reden. Es wolle zeitlich gehen, damit es zeitlich daheim sei, und vielleicht komme ihm der Mann entgegen, er habe davon gesagt. »Mit Roß und Wägeli?« frug der Vater. »Zweifle«, antwortete Stüdeli. »Das von gestern brauchen sie nicht und die andern auch nicht. Die hatten gestern stark gearbeitet, und dann nehmen sie am Sonntag keins aus dem Stalle, sie sagen, man müsse gegen die Tiere Verstand haben so gut als gegen die Menschen.« »So kann ich dich einen Plätz führen«, sagte der Vater, »meine taten gestern wenig oder nichts, und wenn auch, so bekommen sie zu fressen, daß sie auch am Sonntag den Brauch ertragen mögen.« Stüdeli ließ sich auf dieses Kapitel nicht ein, sondern bat ihn, seinetwegen nicht Mühe zu haben. Wetter und Weg seien gut, und es möchte den Leuten nicht die Freude machen, daß sie lachen könnten, wenn es reiten wolle, müsse es heimkommen, da hätte man Roß und Wägeli, um es wegzuführen, aber um es zu bringen, hätte es keine. Es wolle gehen, wie es gekommen, und das möge es ganz wohl vrbringen. »Ja«, ergänzte die Mutter, »ich will es begleiten, und eins von den Meitschene zieht das Wägeli schon«, und somit war die Reise geordnet.

Sehr freundlichen Abscheid nahm Stüdeli von allen Hausgenossen, nur Sämi war nicht sichtbar. Dadurch, daß es sich weder eines Knechtes noch einer Magd verschämte, jedem die Hand und einen guten Wunsch gab, machte es nicht bloß gutes Blut, sondern sicherte sich lebhafte Verteidiger gegen den Vorwurf der Hochmütigkeit, der ihm den Tag über so oft gemacht worden war. Es war ein schöner, klarer Sonntagsnachmittag, so recht wie der liebe Gott sie lieb hat und als eine seiner schönsten Gaben den Menschen zur Erquickung sendet und nicht um sie zu entheiligen mit Wüsttun und sie auszufüllen mit Lüderlichkeiten von allen Sorten. Oh, wenn einmal unser Herrgott die Lehr- und Ladenjungen, die Schuster- und Schneider- und andere Gesellen, die Mädels, die Jungfern, die Mamsells, die Damens und Junker fragt: »Laßt mal hören, was habt ihr mit euren Sonntagen gemacht?« hui, wie werden da ihre Gesichter brennen vor Scham und Angst, daß es eine Röte am Himmel geben wird, als wäre eine Welt im Brande! Zwei Mädchen statt nur eins galoppierten mit dem Kinderwägeli voraus auf der staublos gewordenen Straße, und sittigen Schrittes wandelten Mutter und Tochter nach.

Als sie zum Dorf aus waren, fing Stüdeli an bitterlich zu klagen. »Mutter«, sagte es, »wie bin ich doch zweg, so muß mir ja das Leben erleiden! Hier werde ich ausgelacht, droben werde ich ausgelacht, droben sagt man mir Birlig-Stüdle, hier dsKriesi-Stüdi, wer möcht am End so dabeisein, wenn man keinem Menschen nicht einmal mehr recht reden kann! Ist das nicht zum Drauslaufen?« Und

29

dabei seufzte es schwer und machte fast eine Miene, als ob Tränen am Nachrücken seien. »Wohin wolltest laufen?« frug die Mutter kaltblütig. »Du könntest nirgends den Ort finden, und wenn du so lange laufen würdest als der Ewige Jude, wo du es allen Leuten recht machen, verschweige recht reden könntest. Das nimmst viel zu schwer, und das kommt davon her, daß du meinst, es solle alles recht sein, was du machst. Das bessert dir hoffentlich, so gut als es mir gebessert, ich hatte es früher ungefähr auch so. Nebstdem bist du im Übergang, ohne daß du es merkst. Jetzt bist noch halb Aargauere, aber schon halb Emmetalere oder noch mehr, und in kurzem wirst eine ganze sein. Du redst schon fast wie eine Emmentalerin, und daß dir so manches bei uns mißfiel, ist ja auch ein sicher Zeichen, daß es dir droben besser gefällt. Das hat sich dir erst erzeigt, als dir unser Dorf wieder vor Augen kam und dir alles weniger gefiel als früher oder gar mißfiel, und doch ists immer das gleiche, hat sich hell nichts geändert. Daneben muß man sich solcher Kleinigkeiten gar nicht achten, sie sind ja nicht redenswert. Wenn man sich ihrer achtet und sie zu Herzen fasset, so ist es immer ein sicher Zeichen, es gehe einem eigentlich recht gut, denn wenn man etwas Schwerers hätte, so würde man Kleines liegen lassen und über das Große ächzen und klagen. Da muß man sich hüten, daß man sich nicht versündige. Denn achtet man sich des Kleinen, stößt sich daran, nimmt es als eine Bürde auf, so wird sie akkurat so schwer wie das schwerste Elend und das Herz so voll Jammer, als ob das Unglück einem über dem Haupte zusammenschlüge. Lue, das ist dHauptsach, daß du es machst wie eine gute Hausmutter! Die wäscht ab, sobald angerichtet und abgegessen ist, und ehe sie zu Bette geht, räumt sie auf, sieht nach, ob allenthalben alles in Ordnung ist, stellt jede Sache an ihren rechten Ort, und was nicht in die Küche gehört, wirft sie draus, alles Ghüder in Kratten, um morgens auf den Mist zu wandern. Sieh, so mach es auch mit deinem Herzen! Putz es alle Abend aus von allem täglichen Unrat, was sich ansetzen will, was nicht hineingehört, und absonderlich von allem, was nichts bedeutet und doch sich schwer machen will. Stell alles an den rechten Ort, wo es hingehört, wo es Gott wohlgefällt, damit du es am Morgen, gleich wenn das Tagwerk anfängt, wieder bei der Hand habest, die Geduld, die Sanftmut, die Freundlichkeit, den Frieden, die Liebe, und was alles Gutes und Schönes im Herzen sein soll, dann bsegne dich und bet recht ernsthaft: ›Vater, vergib mir meine Schulden, wie ich vergebe meinen Schuldnern, und führe mich nicht in Versuchung, sondern erlöse mich von allem Bösen!‹ dann hets gwunne und ein gutes Leben hier mit einem guten Leben dort zsämmeghänkt. Es ist gar nichts, das dir davorsein könnte als e böse Kopf und es wunderligs, epfindligs Herz. Nun, Unglück wird es dir genug geben, wo du meinst, das Herz müsse dir abenandere. Aber die Unglück, wo vo Gott chömme, die mache nüt, da kommt es immer wieder gut, und, was vonenandere her müeße, das chunnt geng wieder zsämme. Aber das, wo man selbst macht, das ist zum Verderben, und das, wo im Herze wächst, das ist wie drRost, das frißt zerst Gruebe und gryft zletzt dsGanze a, daß es überall nüt meh nutz, ganz nüt meh als Rost ist. Machs so, glaub, es chunt gut, du hast alles zweg, für e glücklichi Frau z'werde, und was du z'klage hest, sy ume Baggitellsache; ob du ja Birlig-Stüdle oder Kriesi-Stüdi heißest, es kommt ja nichts darauf an, wenn die Birlig-Stüdle nur dem Mann lieb ist und das Kriesi-Stüdi Gott wohlgefällt! Glaub mr, es war manche Frau ganz anders zweg, zweg, daß es se düecht het, wenn ere niemer anders drKopf abschryß, su schryß si ne selber ab; u wär sih so reuig gsy, un ist so glücklich worde, du glaubst nit!« »Mutter, ih glaub dr wohl«, antwortete Stüdeli, »aber ih cha nit, ih bi gar son e schwachi Person, lang nit was du.« »Gspäß!« antwortete die Mutter, »was nit bist, sottst werde u nit eis Tags; so macht es sih nit, wie viel meine, sondere bi längem. Fa ume a, selb ist dHauptsach; wo nie agfange wird, da gits nüt, und ebe, daß me nit afat, da ist drFehler. Fa a, su chunts guet, zell druf u glaub mr!«

So spracheten sie zusammen, kamen unvermerkt weiter, sahen ungsinnet sich vor einem Dorfe, welches mehr als eine Stunde entfernt war. Stüdeli erschrak, machte der Mutter Entschuldigungen, daß es sie so weit habe kommen lassen, aber es hätte ihm wieder viel geleichtet; wenn nur noch das Heimkommen überstanden wäre, dann hätte es allen Mut, es komme gut. »Allweg schreiß dir den Kopf nicht vorher ab!« antwortete die Mutter, »nachher wärest du dich sicher reuig. Aber allweg komme ich noch mit bis ins Dorf, die Kinder hätten mir nichts darauf, wenn ich nicht mit ihnen ins Wirtshaus ginge, sie hielten es mir ihr Lebtag vor, und nicht mehr, als sie dazu kommen, wird es ihnen nicht schaden und dir auch nicht, du hast dann noch einen strengen Weg immer obsig.« »Miech nüt, Mutter, wenn die letzte zeche Schritt nit wäre«, antwortete Stüdeli mit Seufzen. Als die Kinder hörten, daß es ins Wirtshaus gehe, taten sie Sätze wie junge Böcklein, es war, als sei ihnen das Himmelreich verheißen, und stracks gehe es darauf los.

Als sie ins Dorf kamen, sah man schon gegen das Wirtshaus, denn die lieben es auch, daß sie von den Leuten gesehen werden, und zwar schon von ferne. Da begann Stüdelis Zunge zu stocken und seine Füße langsamer zu gehen, endlich rief es: »Mein Gott, mein Gott, Mutter, luegit doch, steht dort nicht mein Mann, dort, vor dem Wirtshaus in der Straße?« »Es düecht mih, es syg so eine drPostur nah, drnebe sollst du ihn besser kennen als ich und hast jüngere Augen«, antwortete die Mutter. »Es ist ihn gewiß, Mutter«, sagte Stüdeli, und seine Beine kamen wieder in Gang, doch nicht in Lauf. Gar manche Stadttochter wäre geflogen, ja, hätte vielleicht geglaubt, was sie mache, wenn sie ihm bis an den Hals fliege; das unterließ Stüdeli wohlweislich. Die Sitte auf dem Lande ist viel strenger, sie hält im allgemeinen gar nichts auf dem Fliegen, sie hält insbesondere gar nichts auf dem Fliegen um die Hälser. Doch konnte Peter an Stüdelis leuchtendem Gesichte und der Mutter Freundlichkeit sehen, wie willkommen sein Erscheinen war, und es war wirklich, als ob Wolken aus Peters Gesicht wegflogen, als ob ein ganz anderer Schein sich darüberlege.

Wer geglaubt, es seien da Wolken gesessen und verschwunden, hätte ganz recht gehabt. Es hatten da Wolken gesessen und zwar nicht ganz leichte, wenn auch nicht gerade Gewitterwolken. Aber so ein Ehemann ist wirklich bös zweg in solchen Fällen, er ist der arme Teufel zwischen Amboß und Hammer. »Hör, du bist der Mann, du mußt den Verstand machen, wenn sie ihn nicht selbsten hat«, sagen die Alten. »Wenn du mich lieb hättest, du würdest anders mir helfen und auf meiner Seite sein«, heißt es auf der andern Seite. Nun, wem soll er helfen, besonders wenn man dabei sagen könnte, wie das Sprüchwort heißt:»Öppis het drHerr Major recht und öppis dsLisabethli.« Er denkt, Vater und Mutter sollten die Witzigeren seien, er denkt, sie wär doch die Jünger und sött in alt Lüt sich chönne schicke und ihnen auch was könne zGfalle tue. So denkt er in einem Augenblick so in einem andern anders, und je nachdem einer ein Gemüt hat, greift es tiefer oder minder tief. Am tiefsten greifts, am meisten leidet die größte Liebe. Peter hatte wirklich ein gut Gemüt, liebte beide Teile und mit Grund. Peter hatte aber auch Gerechtigkeitsgefühl; das sagte ihm, seine Frau sei diesmal offenbar im Unrecht. Er selbst war wirklich auch verletzt worden durch ihr Zwängen, welches offenbar Aufsehen machen mußte, was er bestmöglichst zu verstreichen suchen mußte. Es war ihm angst, wie Stüdeli heimkommen werden, versöhnt oder erst recht anfechtig. Das erstere durfte er kaum hoffen, und doch hätte er mögen und namentlich aus Liebe für Stüdeli, daß es das Vergangene vergessen hätte und versöhnt und freundlich käme. Seiner Leute war er sicher, daß sie dieses hoch aufnehmen und recht zu würdigen wüßten. Diese Unruhe trieb ihn seiner Frau entgegen, obgleich es ihm höllisch, wirklich höllisch zwider war, das Kinderwägeli ziehen zu helfen, er hätte lieber einen Wagen, mit zehn Zentnern beschwert, gezogen, von wegen es war ihm nicht wegen der Mühe, sondern wegen den Leuten. Das freundliche Entgegenkommen verscheute begreiflich seine Bekümmernisse, es war ein Wecken aus schweren Träumen in eine heitere Wirklichkeit, so wie auch sein Erscheinen Berge abwälzte und Kümmernisse verjagte. Kaum wirkte wohl ein Begegnen, ein Entgegenkommen freud- und segensreicher als dieses. Es ist überhaupt um das Entgegenkommen ein gar schön und herzig Ding. Nur muß man es die Meitschi nicht wissen lassen, die könnten es mißbrauchen, jedenfalls übertreiben, überhaupt steht es ihnen in der Regel sehr übel an.

Wenn es so abdeckt auf den Gesichtern und heiter wird in den Herzen, dann schmeckt der Wein, und wäre er in der Lüneburger Heide gewachsen. Das war der nicht, welchen unsere Gesellschaft hier trank, der war am Genfersee gewachsen, in unsaubern Wirtshänden nicht verpfuscht, ein anmüetig Wynli, und mundete absonderlich der Mutter. Jetzt sei es beim Schieß Zeit, daß sie aufhöre, wenn sie noch heim wolle, gwüß heig si es Ketzerli und das es bravs. Si wüß sih nit z'bsinne, daß es ihr so gegangen. Wenn sie nur dr tusig Gottswille scho heim wäre. Es war wirklich etwas an der Sache; denn als sie Geld zählte, weil sie absolut die Üerti berichtigen wollte, klagte sie, sie komme nicht zweg, bald verschieße sie sich, und bald sehe sie die Stücke doppelt. Doch gefährlich war es nicht; denn als man auseinanderging, war ihr Schritt fest, ihr Gang gerade, man sah ihr nichts an. Nur wer sie genau kannte, hätte etwas gemerkt, es lächerete sie beständig, als ob Witz um Witz ihr durch den Kopf flöge. Nun, sie hatte Ursache zu heller Zufriedenheit, sie hatte ein gut Werk getan, mancher Mutter zum Exempel.

Wenigstens ebenso glücklich wanderte das junge Ehepaar seines Weges. Stüdeli mochte fast nicht warten, bis sie zum Dorfe hinaus waren, um Peter seine reumütigen Geständnisse zu machen, zu sagen, wie es ihns so freue, daß er ihm entgegengekommen und sein Wüsttun ihns nicht habe entgelten lassen, und seine Vorsätze für die Zukunft mitzuteilen und namentlich, daß es von nun an ganz eine Emmentalerin werden wolle. Halb sei es sie schon, da unten habe man ihm Kriesi-Stüdi sagen wollen und ihm sonst vorgehalten, es rede ganz emmentalerisch. Nun wolle es lieber nur einen Übernamen statt zwei, mit den Birligen wolle es nichts mehr zu tun haben, sondern nur noch von Schöchlene wissen. Überdem gefalle es ihm da oben weit besser als da unten, es hätte nie geglaubt, wie doch die Augen ändern könnten, es sei ihm alles ganz anders vorgekommen, die Menschen und die Häuser, kurz alles zusammen, und aller Glust sei ihm vergangen, zu züglen, auf dem Tanzboden wolle es leben und sterben, wenn man es nur recht lieb haben wolle da oben und es ihns nicht lassen entgelten, daß es sich so verfehlt. Peter hätte ein Hund sein müssen, wenn ob solchen Liebesreden sein Herz nicht hätte weich werden sollen wie Grasanken und er nicht auch ausgepackt hätte, wie lieb es ihnen sei, niemand was gegen ihns hätte, dagegen das größte Bedauren, weil man glauben müßte, es sei ihm nicht wohl bei ihnen. Wenn man einmal das wisse, daß es ihm recht und es gerne bei ihnen sei, werde die größte Freude sein und alles ihm die Hände unter die Füße legen. Sie hätten anfangs großen Kummer gehabt, als es am Samstag so bös fort sei. »Und wenn deine Mutter wäre wie manche andere Frau, so hätten sie alle Ursache dafür gehabt. Aber das ist eine, wie man sie nicht findet wie die Merzeglöckli, wenn der Schnee abgeht, die werde ich nicht vergessen, und wenn ich hundertjährig würde, und wenn ich ihr Liebs und Guts erweisen könnte, würde ich nie fragen: ›Was kosts?‹ Daran dachte man, und das war unser Trost, und er fehlte nicht, und wenn du jetzt so kommst, so wirst sehen, was da für eine Freude und eine Liebe ist!«

Unter solchen Gesprächen wird der Weg kurz, sie waren daheim, ehe sie sichs versahen, und die zehn letzten Schritte hatten keine Bedeutung mehr. Man flog ihm freilich ebenfalls nicht an Hals, aber man kam ihm entgegen, man erkundigte sich mit herzlicher Teilnahme, wie es ihm gestern im Wetter ergangen, alle Hände waren bereit, ihm irgendwas zu tun, daß es fast nicht reden konnte, weil ihm das Weinen immer zvorderst war. Als Stüdeli am Abend mit Peter in ihr Stübchen kam, da nahm es ihn um den Hals und sagte: »Das habe ich nicht verdient, aber ich will es zu verdienen suchen, zähle darauf!«